DE LA NÉCESSITÉ

DE RECONSTITUER SUR DE NOUVELLES BASES

LE

GYMNASE MUSICAL MILITAIRE

POUR AMÉLIORER LES MUSIQUES DE RÉGIMENT.

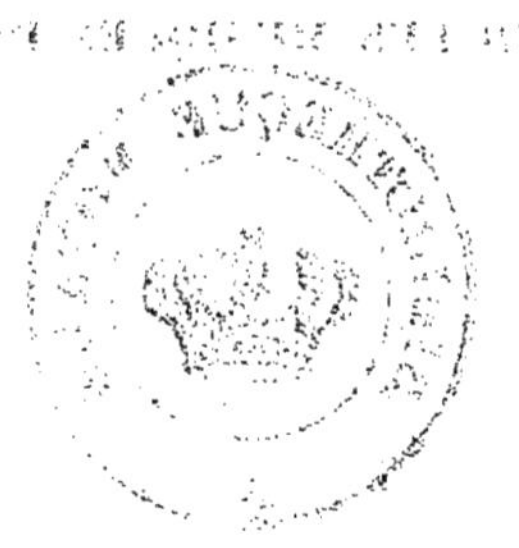

DE LA NÉCESSITÉ

DE

RECONSTITUER SUR DE NOUVELLES BASES

Le Gymnase Musical Militaire

POUR

AMÉLIORER LES MUSIQUES DE RÉGIMENT.

PAR FRÉDÉRIC BERR,

Chevalier de la Légion-d'Honneur, Professeur au Conservatoire, premier Clarinette solo de
la Musique particulière du Roi et du théâtre Italien,

ET DIRECTEUR DU GYMNASE MUSICAL MILITAIRE.

IMPRIMERIE DE J.-R. MÉVREL,

PASSAGE DU CAIRE, 54.

1838.

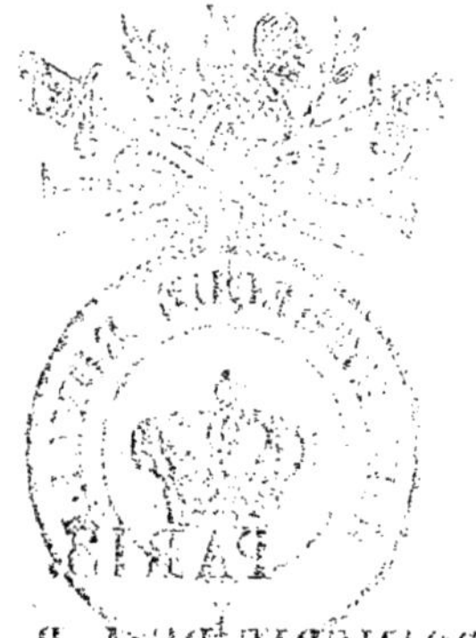

PARIS

Passage du Caire, 51

1838

INTRODUCTION.

L'organisation des musiques de l'armée a soulevé depuis long-temps les réclamations des colonels dont elle ne remplit pas les vues, et celles des musiciens dont elle blesse les intérêts.

Les progrès de l'art musical ont accru la difficulté de former de bons orchestres militaires avec les élémens dont ils sont actuellement composés ; et il ne faut rien moins qu'une réorganisation complète pour satisfaire aux vœux des artistes et aux exigences du service et de la discipline militaires.

Cette réorganisation doit être la conséquence nécessaire des développemens que réclame l'institution du Gymnase musical militaire, établi sur des proportions trop peu étendues pour remédier à tous les inconvéniens qu'on signalera dans le cours de ce projet.

L'état des musiques militaires avait éveillé l'attention de l'autorité, puisqu'en 1836 le Ministre de la guerre voulut l'améliorer en créant le Gymnase, où un soldat de chaque régiment d'infanterie doit passer deux ans pour y étudier les méthodes et le style modernes qu'il propagera ensuite à son retour dans l'armée.

Depuis dix-huit mois, on a pu juger des progrès rapides obtenus par le mode d'enseignement suivi au Gymnase, puisque déjà un certain nombre d'élèves, devenus habiles avant l'époque fixée pour leur remplacement, ont été renvoyés dans les régimens où leurs services comme instrumentistes et comme professeurs sont particulièrement appréciés.

Si le retour d'un seul élève, dont l'éducation est complète, peut contribuer à l'amélioration d'une musique militaire, que serait-ce donc si l'on pouvait instruire au Gymnase plusieurs soldats d'un même régiment et les renvoyer à des époques fixes ou selon les besoins de l'armée, en qualité d'instrumentistes ou de chefs de musique, pour former dans chaque corps un noyau d'hommes capables d'imprimer à l'orchestre l'unité d'exécution qui lui est si nécessaire ?

Pour arriver à des résultats aussi avantageux, il faut :

1° Reconstituer les orchestres sur de meilleures bases que celles qui existent.

2° Fixer la position des soldats musiciens en leur conférant des grades et des honoraires destinés à récompenser le talent et à donner à ceux qui en seraient pourvus le désir de rester au corps.

3° Ces deux mesures importantes, dont l'exécution serait rendue facile par l'accroissement des élèves de l'école de musique du Gymnase, permettraient aux régimens de se passer de gagistes.

Telles sont les bases principales du projet qui sera soumis à l'autorité compétente, et dont on trouve les traces dans l'ancienne organisation des musiques de la garde impériale.

Je parlerai donc successivement :

De la formation des musiques militaires;

De leur administration jusqu'à ce jour;

De l'emploi forcé des gagistes;

Des inconvéniens de leur séjour dans les régimens à côté d'individus liés réellement au service;

De la position des autres musiciens de l'armée;

Enfin, je dirai quels sont les moyens de concilier les intérêts de l'État avec ceux des artistes musiciens de l'armée : ce sera le développement nécessaire des trois paragraphes formulés plus haut.

FORMATION DES MUSIQUES MILITAIRES

EN FRANCE.

Jusqu'en 1789, les moyens de conservation et de reproduction de l'art musical en France étaient circonscrits dans les maîtrises où l'on ne formait d'élèves que pour le culte. La musique instrumentale n'y était point étudiée. Il résultait un vide qui se faisait notamment remarquer dans les corps de musique attachés aux armées : la plupart des musiciens de régiment étaient Allemands, et les orchestres mêmes de nos théâtres furent pendant long-temps composés d'artistes étrangers.

Mais en 1792, on forma avec les musiciens de la garde nationale une école gratuite de musique où se recrutaient pendant la guerre les corps nombreux de musiciens qu'exigeait une masse de quatorze armées.

Telle fut l'origine du Conservatoire, et jusqu'en l'an V environ, il fournit plus de 400 élèves pour le service des armées. Mais lorsqu'on eut joint à cette institution l'école de chant et de déclamation, succursale de l'Opéra, la direction des études fut modifiée.

Deux ans s'étaient à peine écoulés, et les élèves, qui précédemment eussent été dirigés sur les régimens, suivirent la carrière du théâtre ou de l'enseignement.

Dès lors les musiques militaires furent complétées par des soldats, puis par des gagistes.

DE L'ADMINISTRATION DE LA MUSIQUE

DEPUIS 1792 JUSQU'A PRÉSENT.

Au temps de la république et sous l'empire, l'administration de la musique était réglée arbitrairement. Le chef de musique n'avait d'autorité sur ses subordonnés que sous le commandement du tambour-major.

Tous les musiciens étaient soldats et comptaient comme tels dans les compagnies, où ils jouissaient de tous les droits au commandement, à l'ancienneté et à la retraite.

Sous la restauration la nouvelle organisation de l'infanterie comprit les musiciens en nombre égal et dans la même situation que précédemment. En 1820, le nombre des musiciens fut porté à douze, dont un chef. Par une ordonnance de 1821, ils ne furent plus considérés que comme gagistes, et par suite restèrent privés de tous les droits acquis aux militaires.

En 1823, il fut décidé que les soldats instruits pourraient, après six ans de service, se rengager pour servir dans la musique. Par cette disposition, ces musiciens occupaient la place de gagistes et jouissaient des avantages dus à leur position de musiciens et de rengagés, avec la perspective de l'avancement. La plupart ont rempli leurs fonctions avec zèle et parvinrent plus tard à obtenir des grades honorables dans l'armée.

Mais tandis que l'administration des musiques subissait tant de modifications, l'art faisait des progrès qui exigeaient un orchestre plus considérable aux frais duquel les ressources habituelles ne pouvaient plus suffire. Au mois de janvier 1827, il fut décidé, sur la demande des colonels, que le nombre des musiciens serait élevé à 27, parmi lesquels 9 au plus seraient gagistes et 18 au moins compteraient dans l'effectif du corps. Cependant comme le traitement des gagistes pouvait varier en raison des localités et de diverses circonstances, on jugea nécessaire de fixer une somme annuelle de 9,000 fr. sur laquelle seraient payées toutes les dépenses de la musique.

De toutes ces ordonnances successives qui ont modifié l'organisation des musiques militaires, aucune n'a fixé la position des musiciens, ni les moyens de compléter les cadres de l'orchestre par des hommes habiles qui appartinssent au régiment, ce qui eût évité l'emploi des gagistes.

DES GAGISTES.

Leur introduction dans la musique des régimens date de l'époque à laquelle le Conservatoire cessa de fournir des musiciens à l'armée. Dès lors, les chefs de corps furent obligés d'agréer une foule de musiciens étrangers pour compléter leurs orchestres. Ces gagistes ne prennent point les intérêts du régiment ; ils considèrent leur place comme une sorte de pis aller qu'ils quitteront à la première occasion pour gagner davantage. S'ils éprouvent quelque contrariété, ils parlent de se retirer ; et en effet, ils ne sont point liés sérieusement au service, et cette position incertaine engage les colonels à des concessions qu'ils ne feraient point à des militaires. Lorsqu'on a voulu s'appuyer sur l'ordonnance de 1833 pour soumettre les gagistes à la discipline, ils ont demandé leur congé. Et lorsqu'ils partent, ils se croient déliés de toute obligation envers le régiment, s'ils n'emportent aucun des objets qui leur ont été confiés. Cependant l'expérience a prouvé que les gagistes ne sont pas toujours aussi scrupuleux lorsque le régiment stationne près des frontières de leur pays.

Par suite de l'emploi de ces musiciens nomades, on commet de graves erreurs dans les comptes de l'habillement, puisque les habits sont souvent restitués avant d'avoir atteint l'époque fixée pour leur durée.

Quelques gagistes, dans le moment où ils ont besoin d'un emploi, font les plus belles promesses et dissimulent les embarras qu'ils traînent à leur suite. S'ils sont mariés, ils le nient d'abord, et les colonels, qui ne peuvent toujours s'assurer de la véracité de leurs assertions, en subissent les conséquences.

En temps de guerre, il devient difficile de conserver une musique bien organisée : pour 10 f. par mois d'augmentation, la plupart des gagistes quittent un régiment ; et d'ailleurs, les chefs de musique se les enlèvent réciproquement. En voyant qu'ils sont devenus nécessaires, les gagistes élèvent leurs prétentions si haut que les 9,000 f. ne suffiraient pour concilier leurs exigences avec l'intérêt du service. — Tous ces inconvéniens, inhérens à l'emploi des gagistes dans l'armée, ne sont point rachetés par les qualités particulières de ces musiciens. Il en est peu qui sortent de la ligne ordinaire : ce sont pour la plupart des artistes très médiocres, trop peu habiles dans leur spécialité pour occuper un premier pupitre dans un bon orchestre. Ils profitent de la pénurie où se trouvent les musiques de régiment pour obtenir des emplois et des honoraires qu'ils n'auraient point ailleurs. Après avoir changé plusieurs fois de corps, ils finissent par perdre ce qu'ils savaient du style moderne, deviennent routiniers et ne sont d'aucune ressource pour l'enseignement. Ils ne donnent point de leçons aux élèves qu'ils s'engagent à former, ils en font des domestiques.

On voit par ce qui précède que les gagistes ne peuvent rendre de bons services.

S'ils sont étrangers, ils n'offrent aucune garantie.

S'ils sont Français, ils n'ont aucun intérêt à se fixer dans un régiment. S'ils ont été choisis parmi les élèves formés au corps ou au Gymnase militaire, ils reçoivent 10 ou 15 fr. de haute-paie, mais après leur engagement terminé, il faudrait qu'ils fussent bien inhabiles pour ne pas trouver 40 ou 50 fr. d'appointement dans un autre régiment, si toutefois ils ne préfèrent quitter le service militaire. C'est ce qui explique pourquoi les musiques se trouvent tout-à-coup privées de 15 ou 20 sujets à la fois.

Si les gagistes étaient supprimés, ceux qui se trouveraient dans cette position, auraient intérêt à rester au corps pour concourir avec les autres musiciens à l'avancement successif pour les diverses catégories dont on parlera plus loin. Ainsi, l'on maintiendrait dans la musique une unité d'exécution impossible à obtenir avec des artistes trop souvent renouvelés.

Les régimens ayant rarement dans leurs orchestres des musiciens capables de devenir chefs, en recrutent parmi les gagistes ; mais le titre de chef, attribué à un gagiste est presque toujours illusoire. Le gagiste n'a point, par le fait, d'autorité réelle sur les soldats musiciens pour maintenir la discipline sous le rapport des ordres, du commandement et de la hiérarchie. On a vu une preuve éclatante de cette assertion dans le fait qu'on va rappeler. Un musicien, soldat du 6e de ligne, insulta grossièrement pendant la répétition son chef de musique qui était gagiste, et s'oublia au point de lui jeter à la tête son instrument et son cahier. Le colonel commandant le régiment fit passer le soldat au conseil de guerre, à Paris, comme accusé de voies de fait envers un supérieur dans l'exercice de ses fonctions. L'accusation, loin d'être soutenue par le rapporteur, fut abandonnée sans réserve. Le conseil de guerre jugeant conformément aux conclusions du rapporteur, déclara que la qualité de chef de musique donnée à un gagiste, n'obligeait point un militaire à respecter comme son supérieur celui qui en était revêtu, et le soldat fut absous.

La même question vient d'être jugée tout nouvellement par la Cour de cassation. (*Voir* aux pièces justificatives.)

Les inconvéniens attachés à l'emploi des gagistes ne sont plus en question; on conçoit que ces musiciens ne doivent et ne peuvent pas rester sous les drapeaux sans être liés au service, à côté d'hommes engagés sérieusement (1). C'est une antinomie qui ne

____

(1) Le roi de Sardaigne vient de rendre une ordonnance par laquelle il supprime les gagistes et ne conserve sous les dra-

peut subsister parce qu'elle entraîne l'état à des dépenses inutiles, perpétue le désordre et les dépla-
cemens dans les orchestres de régiment, et conduit
à l'oubli de toute discipline militaire. Un gagiste,
même moins habile qu'un élève de régiment qui n'a
que 10 francs de haute-paie, ne croit pas exiger trop
de 60 francs par mois pour sa liberté qu'il engage
temporairement et cherche constamment à recouvrer
au grand scandale des chefs, par des infractions con-
tinuelles aux réglemens militaires.

DE LA POSITION DES SOLDATS MUSICIENS.

On voit que la législation vient corroborer par des
arrêts les observations qui s'appliquent aux gagistes.
Aussi plusieurs chefs de musique, comprenant que
leur autorité était illusoire, se sont décidés à contracter un engagement militaire, et aujourd'hui ils
comptent dans les compagnies soit comme soldats, soit
comme caporaux, soit comme sergens; ils ont ainsi
la perspective d'obtenir une retraite.

Mais pour éviter un inconvénient on tombe dans
un autre.

peaux que des hommes liés par un engagement militaire. Par
cette mesure, les musiciens étrangers sont exclus de l'armée.
Et d'ailleurs, en Italie et en Allemagne les Français ne peuvent
servir comme musiciens gagistes.

Si le chef de musique n'est que soldat, il n'a point d'autorité réelle sur les autres soldats placés sous ses ordres comme musiciens, et encore moins sur un caporal ou un sergent attachés à la musique.

S'il est caporal, il n'a point d'action contre le sergent, et ses fonctions de caporal retombent à la charge des autres caporaux de la compagnie où il compte.

S'il est sergent, non-seulement il ne fait pas le service de son grade dans la compagnie, mais il nuit à l'avancement d'un caporal, puisque lui, sergent, est arrivé au grade le plus élevé auquel il puisse prétendre.

Il ne peut pas passer à l'inspection comme chef de musique et comme sergent dans une compagnie, ce serait là une fraude.

Dans la position de soldat, de caporal ou de sergent, il trouve encore au-dessus de lui le tambour-major qui a le grade de sergent-major. Ainsi, un artiste dont l'emploi exige une certaine instruction et des connaissances spéciales, n'est pas jugé digne d'obtenir un grade et une autorité dévolus à un individu ordinairement sans capacité qui peut, dans l'occasion, lui faire sentir l'influence de ses galons de sergent-major.

DE LA NÉCESSITÉ DE COMPLÉTER

LES ORCHESTRES DE RÉGIMENT.

Depuis vingt ans, l'art musical a fait d'immenses progrès dans toutes ses parties. Les orchestres de théâtre se sont enrichis d'un grand nombre d'instrumens.

Au temps de Grétry, de Méhul, de Boïeldieu, sept ou huit instrumens à vent suffisaient pour exécuter les compositions de ces grands maîtres, car de tout temps on a cherché à transformer en harmonie militaire les airs les plus saillans des opéras nouveaux. C'est surtout à la fécondité du génie d'Auber que la musique militaire doit l'impulsion qu'elle a reçue, parce que les œuvres de ce grand compositeur, devenues populaires même en Allemagne dans les régimens, offrent une foule de morceaux dont le caractère guerrier et bien rhythmé convient essentiellement à la troupe. Mais pour les exécuter convenablement, il faut les approprier aux ressources d'un orchestre militaire et constituer d'abord de bons orchestres.

On a vu plus haut qu'au fur et à mesure que les progrès de l'art exigeaient un plus grand nombre d'exécutans, les colonels avaient demandé l'autorisation d'augmenter le nombre des musiciens. Le chiffre de 27 ne suffit plus pour intercaller dans une harmonie le nombre de cors, de trompettes, de trombones et d'ophicléides devenus indispensables. Dans les théâtres de province , dans les sociétés philharmoniques, on a cherché à organiser les orchestres à l'instar de ceux de Paris; les musiques militaires sont seules restées en arrière; elles sont réduites à leurs ressources habituelles pour jouer les ouvrages modernes; et dans les régimens, l'exécution est plutôt une sorte de travestissement qu'une imitation des effets admirés dans nos grands orchestres.

Pour obtenir une exécution convenable avec un orchestre militaire, il faut que la répartition des instrumens soit réglée ainsi qu'il suit, sans qu'on puisse jamais changer cette disposition qui est de rigueur (1).

1 petite Clarinette,
1 petite Flûte,

---

(1) Dans les orchestres de théâtre, lorsqu'il manque un artiste à un emploi de cor, on n'y met pas un ophicléide. Les places sont marquées et ne varient point; on n'intervertit pas l'agencement des instrumens en attribuant aux uns ce qui convient à d'autres; c'est pourquoi l'on insiste ici sur la nécessité de conserver la répartition indiquée, d'autant plus que dans les orchestres militaires, on remplace souvent des instrumens de bois par des instrumens de cuivre. Aussi ce classement inégal nuit-il essentiellement à toutes les parties de l'orchestre. Ainsi, lorsqu'on a voulu réunir l'harmonie de divers régimens, toute exécution a été impossible ou détestable. Si les proportions eussent été fixées d'une manière convenable dans chaque orchestre, on obtiendrait, par leur réunion, une masse imposante dont les parties se prêteraient un mutuel appui; tandis que la disproportion de l'une ajoutée à celle des autres, ne peut produire qu'un épouvantable charivari.

1 Clarinette solo,

4 premières Clarinettes (dont 1er Hautbois) (1),

6 secondes Clarinettes (dont 1 2e Hautbois),

4 Cors,

2 Pistons,

1 Trompette,

3 Trombonnes,

2 Bassons,

4 Ophicléides,

1 Grosse caisse,

2 Tambours,

2 Cymbales,

2 Chapeaux chinois.

36

Les musiciens composant un tel orchestre seraient ainsi classés.

1° 1 Chef,

2° 1 Sous-chef,

3° 4 Musiciens de 1re classe,

4° 4 Autres de 2e classe,

---

(1) Le hautbois doit être pris parmi les clarinettes, parce que l'instrument n'est pas d'un timbre assez éclatant pour être entendu dans les pas redoublés et les marches jouées à la tête du régiment, tandis que dans l'harmonie, c'est-à-dire les morceaux joués de pied ferme, au repos, dans les salles, les églises, l'usage du hautbois est indispensable. Jusqu'à présent, on a suppléé le hautbois par la clarinette, parce qu'il est rare de trouver de bons hautboïstes ; mais pour la variété des timbres, il vaut mieux employer le hautbois.

5° 19 Musiciens de 3ᵉ classe,

6° 1 Musicien grosse caisse,

7° 6 Soldats, cymbaliers, tambours et chapeaux chinois.

Pour maintenir cette organisation sur des bases fixes, il conviendrait de décider qu'à l'avenir tous les musiciens seraient engagés militairement, et qu'on leur accorderait des grades en rapport avec leurs attributions pour assurer à chacun une position convenable. Mais ces grades, purement honorifiques, et analogues à ceux des maîtres ouvriers, ne donneraient d'autorité que sur les musiciens; et ceux qui les auraient obtenus par leurs talens, ne pourraient en exercer réellement tous les droits qu'à l'époque de la retraite.

Cette proposition n'est point une nouveauté. Déjà sous l'empire, on en fit l'application pour les musiciens de la garde impériale auxquels on accorda les grades ci-après désignés.

ATTRIBUTIONS DES GRADES.

Le chef de musique. — Adjudant; spécialement chargé de la surveillance et de la direction de la musique, et de l'arrangement des morceaux; il serait plutôt un chef d'orchestre qu'un instrumentiste, parce que son emploi exige des connaissances spéciales en harmonie, et l'habitude de conduire un orchestre.

Sous-chef. — Sergent-major ; chargé spécialement de la discipline des musiciens et de l'exécution des ordres ; soliste distingué.

4 Musiciens de 1re classe. — Sergens.

4 Musiciens de 2e classe. — Caporaux.

26 Soldats musiciens.

Le sergent-major et les autres musiciens gradés seraient chargés de l'instruction des élèves sous la surveillance du chef.

Cette organisation aurait encore pour résultat d'exciter l'émulation des soldats musiciens qui, ordinairement, ne travaillent point parce qu'ils n'ont aucun intérêt à faire des progrès, tandis qu'avec la perspective de l'avancement progressif de classe en classe jusqu'à l'emploi de chef, il s'établirait entre tous les musiciens une noble rivalité qui tournerait au profit du service et de l'exécution. Les chances d'avancement dans la musique seraient analogues à celles qui existent dans les compagnies où le zèle et l'aptitude trouvent une récompense.

APPOINTEMENS.

On s'appuie encore ici sur un précédent déjà établi dans la garde impériale, où chaque musicien recevait avec sa solde une haute-paie qui s'élevait à 60 fr. par mois. Mais aujourd'hui il faut une répartition plus

équitable et en rapport avec la nature de l'orchestre
et l'emploi de chaque musicien.

Les appointemens prélevés sur la somme de 9,000 f.
affectée aux dépenses de la musique, seraient répar-
tis de la manière suivante.

(Les appointemens accrus de 11 f. 50 c. par mois,
paie du soldat, seraient un émolument convenable
pour les musiciens.)

Adjudant........ 140 f. par mois. — par an. 1,680 f.
Sergent major. . 80   »   »   960
4 Sergens. . . . 60   »   »   2,800
4 Caporaux. . . 20   »   »   960
1 Grosse caisse.. 10   »   »   120
                                              ———————
                                                 6,520

Fonds de roulement pour achat d'instrumens et réparation, fournitures diverses et
haute-paie servant à récompenser le zèle des
plus habiles musiciens de la 3ᵉ classe. . . . 1,200
                                              ———————
                                                 7,720
                                              ═══════

Sur. . . . . . . 9,000 f.
                 7,720
                 ———————
Reste. . . . 1,280
                   91 régimens.
                 ———————
                 1,280
               115,200
                 ———————
               116,480

Après avoir arrêté l'organisation des musiques sur les bases qu'on vient de proposer, on pourrait employer une partie de l'économie à payer le prix de la pension de trois élèves au Gymnase. Une telle mesure aurait pour résultat de procurer, deux ans après l'organisation des musiques et du Gymnase, une masse de musiciens instruits qui rempliraient convenablement les emplois destinés aux militaires gradés. Dès lors quand on aurait besoin d'un certain nombre de sujets pour compléter les cadres des orchestres de régiment, on les prendrait au Gymnase.

Calcul :

3 Élèves à 240 f.	720
91 Régimens	91
	720
	64,800
	65,520
	116,480
Frais du Gymnase.	65,520
Économie.	50,960

Les avantages incontestables du projet que je viens de développer, méritent sans doute d'être pris en considération, car dans l'organisation nouvelle des musiques de régiment, tous les vœux seront remplis, tous les intérêts conciliés. Les artistes qui se vouent à la carrière militaire trouveront une position honorable dans l'armée; l'Etat, réalisera une économie considérable, et sera dédommagé de ses sacrifices par

de nombreux et brillans orchestres qui seront la gloire
de l'art et des régimens; toutes les positions une fois
fixées, la discipline militaire ne sera plus violée en
faveur d'étrangers qui ne veulent point s'attacher à
l'armée. L'école du Gymnase deviendra le foyer de
l'instruction musicale militaire en France, et, dans
quelques années, les orchestres de régiment pourront
se faire entendre avec orgueil, même dans la capitale.

PIÈCES JUSTIFICATIVES.

PIÈCES JUSTIFICATIVES

COUR DE CASSATION (Section Criminelle.)

PRÉSIDENCE DE M. CHOPIN D'ARNOUVILLE.

Audience du 19 mai 1838.

Sur le pourvoi dirigé par le nommé Messmer, musicien ga-giste au 56ᵉ régiment de ligne, contre un jugement du conseil de guerre permanent à la 7ᵉ division militaire, séant à Lyon, qui l'a condamné à 5 ans de fers, pour émeute et menace envers un officier du régiment, M. le conseiller Bresson a fait le rapport et donné connaissance à la cour d'un mémoire rédigé en faveur de Messmer, par Mᵉ Durat-Lassalle, avocat à la cour royale. M. Hébert, avocat-général, a pensé, qu'en matière de compétence exceptionnelle, tout est de rigueur. Il faut donc rester dans les termes de la loi du 13 brumaire an V, qui ne rend justiciable des tribunaux militaires que les militaires proprement dits, ou ceux qu'elle leur assimile par une disposition spéciale. Or, les musiciens gagistes qui ont traité avec le conseil d'administration et se sont mis à la solde du régiment, ne sont ni militaires ni compris dans le nombre de ceux qui sont spécialement assimilés aux militaires. Ils ne sont pas justiciables des conseils de guerre.

Il est vrai que, dans l'espèce, en contractant avec le conseil d'administration du régiment, Messmer s'est engagé à se soumettre aux peines disciplinaires qui pourraient lui être infligées, et à être puni comme déserteur dans le cas où il quitterait le régiment; mais cela n'implique en rien la question de compétence; car d'une part, les peines disciplinaires ne sont que des mesures de correction, et de l'autre, il est évident que Messmer n'aurait pu, même en acceptant par avance la juridiction militaire, se priver de son droit de la décliner plus tard. L'avocat-général a donc conclu à la cassation et la cour a rendu l'arrêt suivant :

« Ouï le rapport de M. Bresson, conseiller, et les conclusions de M. Hébert, avocat-général ;

» En ce qui touche le pourvoi formé par Joseph Messmer ;

» Vu l'article 77 de la loi du 27 ventôse an VIII ;

» Les articles 9 et 10 de celle du 13 brumaire an V ;

» L'article 53 de la Charte constitutionnelle ;

» Et l'article 6 du Code civil ;

» Attendu que les conseils de guerre sont institués pour juger les délits militaires, et que cette qualification appartient aux délits commis par les individus qui font partie de l'armée ;

» Qu'aux termes de l'article 9 de la loi du 13 brumaire an V, et sauf les exceptions qui concernent les embaucheurs, les espions et les habitans du pays ennemi, *les militaires et les individus attachés à l'armée et à sa suite* sont seuls justiciables des conseils de guerre ;

» Attendu qu'il résulte des dispositions des articles 1, 33 et 34 de la loi du 21 mars 1832, que l'armée se recrute par des appels et des engagemens volontaires ; que ceux-ci doivent être contractés dans les formes prescrites par les articles 34, 35, 36, 39, 40, 42 et 44 du Code civil, devant les maires des chefs-lieux de canton, et que la durée de l'engagement volontaire est de sept ans ;

» Attendu que l'engagement contracté par le musicien gagiste qui n'a point été reçu sous les drapeaux, soit comme appelé, soit comme remplaçant, diffère essentiellement de l'engagement volontaire, par sa forme, par sa nature et par ses conditions ; qu'il n'est autre chose qu'un contrat de louage par lequel le musicien engage ses services, moyennant un prix convenu, pour un temps déterminé ;

» Qu'il suit de là que le musicien gagiste n'est pas militaire ;

» Que même en admettant qu'il dût être rangé dans l'une

des classes d'individus désignés par l'article 10 de la loi du 13 brumaire an V, dans l'espèce, le délit imputé à Joseph Messmer, simple musicien gagiste, et non soldat musicien, aurait été commis alors que le régiment auquel il était attaché se trouvait en garnison dans l'intérieur, et ne faisait partie d'aucun corps d'armée ; qu'ainsi le demandeur n'avait pu être considéré comme étant *à la suite de l'armée* ;

» Attendu enfin que les juridictions sont d'ordre public, et que si le musicien gagiste, en contractant avec le conseil d'administration, a déclaré se soumettre aux règles de la discipline militaire, cette convention, qui avait pour objet de le rendre passible des punitions disciplinaires, n'a pu cependant le soustraire à la juridiction de ses juges naturels, ni le soumettre aux pénalités spécialement établies pour la répression des délits militaires, lorsque surtout elles s'appliqueraient à des faits emportant une peine afflictive et infamante ;

» Que le 1er conseil de guerre permanent de la 7e division militaire était donc incompétent pour procéder au jugement de Joseph Messmer, prévenu d'outrages par paroles et menaces envers un commandant de la force publique ;

» Qu'en confirmant cette décision, le conseil permanent de révision s'en est approprié le vice ; qu'il a violé aussi les règles de compétence et commis un excès de pouvoir ;

» Par ces motifs, la cour casse et annule : 1° le jugement du 1er conseil de guerre permanent de la 7e division militaire, du 19 janvier 1838, par lequel, en se déclarant compétent, il a condamné Joseph Messmer à la peine de cinq ans de fers, à la dégradation et aux frais du procès ; 2° le jugement du conseil permanent de révision, du 30 janvier 1838, qui a confirmé cette décision ;

» Et pour être procédé et jugé, conformément à la loi, sur les faits imputés audit Messmer, le renvoie devant le juge d'instruction du tribunal de première instance, séant à Lyon... »

Un nouvel arrêt du conseil de guerre de Paris vient encore corroborer les assertions contenues dans ce mémoire.

DEUXIÈME CONSEIL DE GUERRE DE PARIS.

PRÉSIDENCE DE M. MICHEL, COLONEL DU 29ᵉ RÉG. DE LIGNE.

Audience du 13 juin 1838.

MUSICIENS-GAGISTES. — DÉLIT NON MILITAIRE. — INCOMPÉTENCE DES TRIBUNAUX MILITAIRES. — RENVOI AUX TRIBUNAUX ORDINAIRES.

Dans le mois de novembre 1837, le sieur Petit, d'origine belge, demeurant à Paris, se présenta au colonel du 9ᵉ régiment d'infanterie de ligne, et contracta un engagement volontaire pour servir pendant deux ans dans ce régiment à titre de musicien, moyennant une somme qui devait lui être payée annuellement.

Dans le mois de février 1838, Petit ayant trouvé à contracter un engagement plus avantageux avec une société d'harmonie à Gand, abandonna le régiment; mais, après son départ, de nombreuses réclamations étant arrivées au chef de musique, on apprit que ce musicien, sous divers prétextes, s'était fait remettre par M. Buffet, facteur d'instrumens, plusieurs clarinettes qu'il n'avait point payées; que M. Gentellet, autre facteur d'instrumens, avait été également victime de Petit par les mêmes moyens, pour une clarinette d'un prix fort élevé; un troisième facteur, le sieur Darche, lui confia, en sa qualité de musicien attaché au 9ᵉ de ligne, une petite clarinette du prix de soixante francs, et une boîte en acajou qui devait contenir la clarinette que lui avait livrée M. Gentellet. On apprit aussi que les clefs en argent de ces instrumens avaient été détachées et vendues à un orfèvre. Ces faits ont motivé de la part de M. le colonel du 9ᵉ régiment de ligne; une plainte en escroquerie, qui a été adressée à M. le lieutenant-général commandant la 1re division, à la date du 14 mars. En conséquence, l'affaire a été déférée à la justice militaire.

Mais, dans l'intervalle, une modification s'est introduite dans la jurisprudence militaire. Jusqu'à ce jour les conseils de guerre s'étaient reconnus compétens pour juger tous les délits imputés aux individus qui étaient liés au service d'un régiment en vertu d'un engagement civil et moyennant salaire.

Aussitôt après la lecture de l'ordre de convocation du conseil et de la plainte par M. Asseline, greffier, M. le président prend la parole.

M. le président : Je viens d'entendre par cette lecture que la plainte de M. le colonel du 9e de ligne donne au prévenu Petit la qualité de musicien gagiste. Cette qualité seule me semble devoir soulever une question de compétence pour le conseil de guerre. Si je ne me trompe, j'ai lu dans la *Gazette des Tribunaux* du mois dernier un arrêt de la cour de cassation qui fixe la jurisprudence sur ce point; une circulaire ministérielle vient également d'être adressée à MM. les lieutenans-généraux commandant les divisions pour les engager à inviter les chefs de corps à ne plus à l'avenir déférer aux tribunaux militaires les individus gagistes qui se rendraient coupables *de délits communs*.

M. Mévil, commandant-rapporteur : Je pense que la lecture des pièces est nécessaire; ce n'est que par le résultat de l'information que le conseil pourra reconnaître s'il est incompétent. Au fond, Petit s'est déclaré coupable d'abus de confiance, mais le conseil, attendu que l'individu est *gagiste* et que le délit qui lui est imputé n'est pas un délit militaire, peut se déclarer incompétent et renvoyer l'affaire devant M. le procureur du roi de la Seine pour en poursuivre la répression.

Le conseil, après délibération, a rendu le jugement suivant :

« Le 2e conseil de guerre permanent, délibérant à huis-clos, seulement en présence de M. le commissaire du roi, M. le président a posé la question suivante :

» Le conseil est-il compétent pour statuer sur le délit d'abus de confiance reproché au nommé Petit (Jean-Baptiste), musicien gagiste au 9ᵉ régiment d'infanterie de ligne?

» Les voix recueillies en commençant par le grade inférieur, M. le président ayant émis son opinion le dernier;

» Considérant que le nommé Petit (Jean-Baptiste) n'est pas lié au service militaire en vertu de la loi sur le recrutement du 21 mars 1832; qu'il n'a contracté un engagement que conditionnellement, et moyennant un prix convenu, qu'ainsi, par ce premier motif, il ne peut être jugé militairement;

» Considérant, en outre, que le fait reproché à Petit n'est pas un délit militaire, mais bien une contravention aux lois générales et au droit commun;

» Considérant enfin que, par arrêt de la cour de cassation en date du 19 mai 1838, il a été jugé que les conseils de guerre ne sont point compétens pour juger les musiciens gagistes;

» Le conseil déclare, à l'unanimité, qu'il est incompétent pour juger ledit Petit (Jean-Baptiste), musicien gagiste au 9ᵉ de ligne;

» Sur quoi M. le commissaire du roi a fait son réquisitoire pour l'application de la loi; les voix recueillies de nouveau dans la forme indiquée ci-dessus, le conseil, faisant droit audit réquisitoire, renvoie *à l'unanimité* le prévenu, la plainte et les pièces à l'appui, par-devant M. le procureur du roi près le tribunal de première instance du département de la Seine, pour être statué à son égard ce qu'il appartiendra. »